길상사로 가는 여인

길상사로 가는 여인

신언장 시집

계간문예

| 시인의 말 |

 시를 읊고 쓴다는 것은 영혼과의 소통적 교감이 없이는 그저 눈으로 보고, 느끼고, 쓰는 행위적 반복에 지나지 않는다. 누구나 할 수 있고 해보고 싶은 소모적 충동의 소산일지라도, 이 길에 발을 들여 놓은 이상, 한 번은 겪어야 하고 닥쳐올 운명으로 짐작은 하고 있었지만, 그 운명의 현실 앞에 맞닥뜨리고 보니 절벽에 부딪히는 느낌을 지울 수 없다.

 시 같지 않은 시, 시도 아닌 시를 오래 전부터 짝사랑으로 보듬어 오면서 심상의 넋두리로 한 다발씩 묶어 쟁이다보니 욕심이 도를 지나쳐 치여서 깔리기 전에 한 번쯤 짐을 덜어내어야겠다는 생각이 일기 시작했다.
 지나친 줄을 알면서도 모든 면에서 부족한 역량을 더 늦기 전에 재점검을 하기까지에는 쉽지 않은 고충도 감내해야 했다. 갈수록 어렵게 느껴지고 오르지 못할 시산詩山을 오르고 있다는 강박관념이 뒷꼭지에 잉걸불을 갖다 대는 듯한 두려움으로 다가오고 있음을 실감한다.
 평생에 처음이고 마지막이라는 생각으로 큰 용기와 배짱으로 도전에서 아직은 뒤로 물러서고 싶은 생각은 없다. 내친 김에 한 번 밀어붙이고 싶은 욕망을 자제하지 못하는 아집은 어디서 나오는지 잘 모르겠다.

'무식하면 용감해진다' 는 말이 나 같은 사람을 두고 하는 말이 아닌가 싶다. 겁 없이 덤빈 지난 세월을 다시 되새기며 시는 철학, 사상, 역사, 서정, 사랑, 해학의 정신을 소담하게 담아내는 그릇으로 생각한다. 새로운 에너지를 충전하는 계기로 삼아 감히 영혼을 불사르는 심정으로 진리와 정의의 발걸음으로 바르게 걸어갈 수 있도록 손을 잡아 주시고 넘어지지 않게 이끌어주시는 독자 여러분의 사랑을 밑거름으로 더욱 알찬 열매를 맺을 수 있도록 정진하겠습니다.

2017년 4월

율경律耕 신언장申彦章

차례

시인의 말　004

제1부 강남공화국

강남 공화국 · 12
노인 암살단 · 14
구럼비 · 16
반딧불이 영웅 · 18
평양 가두 인민반 · 20
북한의 히트 상품 · 22
막말의 극치 · 24
열두 살짜리 종북 당원 · 26
고대녀 · 28
강남좌파 · 30
삼보일배 북상중 · 33
밤바다의 반딧불이 · 34
여의도 밥그릇 · 36
50 원과 5억 원 사이 · 38

 **제2부** 어머니의 빈 방

어머니의 빈 방 · 40
버지기 거울 · 41
벌의 눈물 · 42
누에의 일생 · 44
별이 보고 싶다 · 45
단풍나무 · 46
꽃동네 · 47
산 넘고 물 건너 · 48
우리집 옆 골목 · 49
맛있는 요리는 창의력을 수반한다 · 50
삶은 복숭아 · 51
들밥 · 54
초가석 동네 · 56
무지게 · 57
썩은 감자 캐기 · 58
김밥 꽁댕이 · 60
어떤 동행 · 61

제3부 길상사로 가는 여인

길상사로 가는 여인 · 64
캐빈오록 · 65
가을 소나기 · 66
레나테홍의 사랑 · 68
뷔너스와 함께 목욕한 사나이 · 70
누드 군상 · 71
뒤태 · 72
위그루 아가씨 · 74
하숙집 딸 · 76
체리 키핑 · 77
그때 그 눈물 맛 · 78
인사동 신풍경 · 80
내성 장날 · 82
리즈의 다이아 반지 · 84

제4부 경포대 땅거미

경포대 땅거미 · 86
저만치 시를 두고 · 87
꽃의 향기 · 88
시 짓는 사람 · 89
남해섬 일주기 · 90
옹달샘 · 91
우캐널기 · 92
서답 삶는 날 · 94
천국 가는 길 · 96
양탕洋湯국의 역사 · 98
노거수 老巨樹 · 100
카카오톡 · 102
라일락꽃 향기 · 104
꿩 먹고 알 먹고 · 105
광고의 (또다른) 효과 · 106
태양의 미소 · 108

 **제5부** 태양의 질량

태양의 질량 · 110
외로운 늑대들 · 112
개 같은 세상 · 113
바다 이야기 · 114
신을 죽인 자에게 · 116
에스컬레이터를 타고 내려가는 햇빛 · 117
귀밑터리와 귀밑머리 · 118
'코이' 라는 물고기 · 119
로마네 꽁티 대통령 · 120
이 세상에서 가장 아름다운 선물 · 122
AI의 허구 · 124
인지印紙 붙이기 · 126
히틀러의 비밀 병기 · 128
성장판 · 130
외국인 학교를 가는 이유는 · 132
만주의 경상도 마을 · 134
로봇 인간 · 136
문림文林의 유혹 · 137

평론
좋은 시로 영혼을 맑히고 세상을 밝게 비춰 주길 _ 정종명 · 138

제1부

강남공화국

강남 공화국

어떤 사람이 어떤 사람들 하고
강남구를 특별구로 만들어
특별 관리하려다
뜻을 이루지 못하고
노오란 유채꽃 밭으로
나비처럼 날아 가버렸다

그런데, 누가, 왜,
「강남 공화국」을 선포했는가?

온 세상을 제 세상으로
만들어야 쓰겠다는 허욕이
아집과 배척으로 이어질 때
백만 시민군의 총 공세는
지하로 숨어들었다가
디-데이에는 장사포로
대모산을 날려버릴지도 모른다

저- 아랫목은 개들에게 맡기고,
동그란 대나무집 싸지고
야반도주 떼거지로 몰려와도

난공불락의 안시성!
강남은 정의와 진실을 지키는
마지막 보루로 영원히
살아 남을 것이다

노인 암살단

"노인 한 사람이 죽으면
도서관 하나가 사라진다!"는
말이 내 가슴에 불을 질렀다
내 가슴과 머리 속에는 얼마나
많은 지식과 사랑이 쌓여 있는지
나는 알 수가 없다

경험의 궤적이 나이테로 영글고
옳고 그름을 가름하고 그들이 걸어 온
발자취를 후세들이 뒤따라 갈
정의의 이정표임을 모르는 알량한
오합지졸의 눈에는 쓰레기로 밖에
보이지 않는 '잉여인간' 이라고?

앞으로 노인들을 쓸어버릴 로보캅이
거리를 휩쓸고 다닐 거라는 악당들!
그런 놈들이 한 때 관악산 캠프에서
어린 영혼들을 이끌어 왔고, 지금도
비슷한 놈들이 눈, 코, 입, 귀를 막고 있다

조국의 과거에 몸과 마음으로 헌신했고
앞으로도 조국의 앞날에 정신적 지주가 될
오공육공, 칠공팔공 흰 피톨들에게
"꼰대들은 물러가라," "집에 가서 쉬어라"
"나이 들면 죽어야……" 이런

배은망덕한 바이러스들이 노리고 있는
이 땅에는 오염된 붉은 피톨만 날뛰다가
병들어가는 순간 흰 피톨은 백발을 휘날리며
천군만마의 응원군이 될 것이다

그 노인들 덕에 세계 10위권의 경제
대국으로 성장했고, 그대들은 그 노인들 덕에
호의호식하면서도 오감해서 온갖
못된 짓거리와 촛불장난으로 공든 탑을
무참히도 허물고 있지 않느냐?
우리 노인들은 '노인방위대'를 만들어서
너희 쥐새끼 같은 놈들 소탕에 들어갈 것이다

구럼비
– 까마귀 쪽나무

제주도는 신이 내린 섬이다
국토 남단의 아름다운 우리 땅
남해 바다를 지키고, 이어도,
동해와 서해를 가르는 길목!
지금까지 군항이 하나도 없었다면
누가 봐도 놀라운 일이 아닌가

만시지탄으로 어렵사리 국력을 모아
나라의 관문 지킴 기지를 만들겠다는데
뜻을 모아 협조는 못할망정
일을 그르치다가 종국에 가서는 별별
'구럼비' 까지 들고 나와 환경을
저 혼자 지키겠다고 외쳐대는
가소로운 얼간이들, 누구의 사주를 받고
하늘 무서운 줄 모르고 날뛰고 있는가?

거머리처럼 달라붙어서 피를 빨아 먹는
속성이 같은 흡혈 박쥐의 근성을
그대로 보여주고 있는 불한당 같은 놈들
환경을 방패막이로 악다구니를 치다가

막다른 골목에 가서는 지들 뱃속에
녹쓴 금가루가 차야 거머리처럼
떨어져나가는 징그러운 이끼벌레들

항구의 위용이 드러나자 세종대왕함이
개항 축하를 위해 입항을 했다
장보고의 후예답게 충무공의 용맹으로
바다를 지켜야 하는 오늘의 우리들은
지금 어디에서 무엇을 하고 있는가?
부끄러운 자신을 돌아봐야 할 때에
모리배들까지 끌고 와서
'뭐 챙길 것
없나' 하고 탐내고 덤비는 탐나(라)도!
되놈들한테 구럼비나 팔아먹지 마라

반딧불이 영웅

반딧불이가 어디로
갔나 했더니
어두운 북한 땅
밝히러 갔다가
병 속에 갇혀서
감옥살이 길이 막혔다네

갈 때는 험한
지뢰밭길 무서워
조심조심 갔지만
올 때는 그믐달 밤
아픈 날개 철조망에
찢기며 왔다네

형설의 공도 없이
북녘의 밤하늘엔
별들도 빛을 잃어
졸고 있고 땅에는
가로등조차 잠들어
깨어날 줄 모른다네

남녘땅에서는
개똥벌레 밤하늘을
마음껏 날아다니지만
암흑의 북녘 땅에서는
생명의 빛이 된
반디가 영웅이라네

※ 북한에서 '반디'라는 필명으로 써져서, 작가보다 먼저 탈북한 북한 고발 소설 〈고발〉(조갑제 닷컴)을 읽고 조지오웰이 쓴 《1984》와 짝을 이루는 것이라면, 이 소설도 혹시 그만큼 유명해지지 않을까?

평양 가두 인민반
– 마네킹들의 행진

매스컴에 보면 언제나 평양
시내에는 제법 많은 시민들이
무표정한 얼굴로 무슨 큰 볼일이나
있는 것처럼 말없이 앞만 보고
바쁘게 지나가는 동원된
엑스트라들의 훈련된 퍼포먼스?!

남들이 보면 '여기도, 일상적인
사람 사는 곳이 맞구나' 착각할 정도로
깨끗하게 차려 입고 바쁜 걸음으로
자유를 찾아 헤매는 속내는 안 보여도
겉보기에는 감쪽같이 속아 넘어갈 수밖에 없는
감성 표현에 익순한 명배우들!

속는 줄 알면서도 속아 주던 일상적 허구가
어느 탈북자의 간절한 글 속에
숨어 있는 날조된 연출로 나타나는
억압된 그들, 오직 '1호'의
꼭두각시 놀음에 놀아나는 맹종만이
그들의 보이지 않는 목줄이다

서울 거리의 많은 '차들은 지방에서
동원된 거'라고 우겨대던 그들이
지금은 평양 시내에서는 동원한 살아 있는
마네킹들을 길거리에 내세워서
365일 패션쇼를 쉬지 않고 해대는
마지막 몸부림으로 워킹스탭을 밟고 있다

북한의 히트 상품
- 똥 가게

공산주의, 인민민주주의 계획 경제가
흔들리면서 배급의 젖줄이 끊어지자
먹이를 받아 먹지 못한 꽃제비들이
산으로 들로 날아 가다가 지쳐서
어느 산기슭, 길거리에 쓰러진 마지막
공산주의 경제의 처참한 모습을 보았다

살아남은 제비들은 먹고 살기 위해
자연스럽게 무엇이든 돈이 되면
내다 팔아서 생계를 꾸려가는
원시 시장 경제의 원리를 스스로
터득해 가는 과정을 걸어가는 그들,
이제는 앉아서 굶어 죽지는 않는단다

개성 공단 직공들을 통해 직간접적으로
스며든 자유민주주의의 우수성이 대북 전단
풍선을 타고 날아간 사랑의 생필품으로도
그들에게 희망의 눈을 뜨게 해준 쵸코파이 신화!
"쵸코파이 대신 돈으로 달라."는 두려움에 떠는
그들은 '커피믹스'에도 놀라 자빠져 코가 깨졌다

헐벗고, 굶주리고, 외롭고, 쓸쓸하게 살아가던
과거의 생지옥에서 벗어나기 위해 지금 그들은
천국의 문을 두드리고 있다. 요즘은 자유
민주주의 경쟁경제의 공부에 혹독한
대가를 치르면서도 감히 목숨을 건 모험을
져버리지 못하는 것은 공산주의의 종말! 바로 그것이다

장마당에서는 한국 상품이 불티나게 팔리고 있다
쵸코파이, 신라면, 알판(DVD)을 통한 남한 사회의
TV드라마, 에로 영화, 여성들 바지 착용 허용!
여자들은 장마당에서 돈을 벌고, 남편들은 집이나
지키는 '멍멍이 신세' 요즘 북한의 최대 히트 상품은
비료 대용품인 인분!, '똥 가게'가 성업 중이라나

막말의 극치

"…가카 빅엿까지 먹게 되니, 푸하하"
젊은 정치 초년생 국회의원이
판사 시절에 어깨에 힘주고 한 말이다

감정 섞인 막말로 먹고 사는 막돼먹은
버러지 같은 기본이 전도된 파렴치한이
국민 앞에 설치면, 말팔매로 표를 방패 삼아
성숙한 민주시민의 정의로운 비판의
칼날로 쳐내지 않으면 안될 것이다

"새해 소망은 뭔가요?"란 질문에 "명박 급사!"
라는 글을 트위터에 올리고,
아버지 같은 노인들을 향해서는
"나이 쳐먹었으면 곱게 쳐먹어, 개 쓰레기 같은 것들…"
"여자 친구 생기면 아파트 사준데요.
이번 겨울에 저와 터키 여행 떠나지 않을래요?"
제대를 앞 두고 미니 홈피에 올린 글이란다

어부지리로 금배지 달고 지금도 빨간 꼬리표 달고
무슨 정의로운 일을 하겠다고 목에 힘 주고
거들먹거리고 다니는지? 그들의 매마른 가슴에는
영혼의 장미꽃이 피어날 기미는 보이지 않는다

이런 막말을 "덮어 주고, 잊어 주자"는
인권이라는 이름이 가당키나 한가?
"막말의 언행은 잊혀질 권리보다 오래 기억될 의무"의 경각심을
되새겨야 할 것이다

열 두 살짜리 종북 당원
— 거꾸로 가는 어떤 민주주의

내가 어릴 때 우리나라에서 처음으로
이른바 5·10선거가 있었다. 아홉 살 때
어른들 틈에 끼어서 민주주의 새싹을 보았었다
그 때도 '좌익이니, 우익이니' 하는 소리를 귀
따갑게 들으면서 세상을 기웃거리며 살아왔다

밤마다 출몰하는 빨치산이 무서워서
마을을 소개疏開하고 읍내로, 대도시로 피난했었다
그러고 나서 60여 년의 파란 많은 세월이 흘렀다
6·25, 4·19, 5·16, 5·18, IMF를 겪으면서
좌충우돌 살다보니 어느 새 여기까지 왔다

좌편향 지난 10년 동안, 확실하게 물들어가는
좌·우의 색깔 속에서도 무디어져가는 정의의 칼날도 보았다
오리무중 뜬 구름 잡듯 날뛰는 막무가내 망나니들!
12살짜리 당원을 홍위병으로 내세워 바람을 잡고
20·30대 청년 당원이 수 천명씩 헤쳐 모여
붉은 카드를 들고 흔들어대는 종북 제스쳐 행진!

'정의의 신호탄이 폭발하면',
'원자탄도 무용지물!'
12살짜리 앞세워 정당(통진당)에 가입시키고
정치 활동 꼭두각시 놀음이라!
종북병에 감염된 무서운 사람들, 비밀 지령에 놀아나는
붉은 홍위병의 망령이 살아나고 있는가?

고대녀

"해군은 해적이다!" 악다구니를
함부로 내뱉아 놓고는
뒷감당도 못하는 설익은
붉은 사상을 가지고 무엇 때문에
누구를 위하여 세상을 헐뜯고 비웃었썼는지

미분화된 머리와 가슴으로
섣불리 천방지축 내달리는
고삐 풀린 망아지 마냥
갈팡질팡, 좌충우돌, 안하무인
심장엔 피도 눈물도 없고
사랑조차도 고대할 수 없는

"고대녀!"

뭇 사람들 손가락질을 받으면서도
"그래도 너희들 해군은 해적이다!"
인간이기를 거부하는 막말의 극치

가슴이 답답해 온다
"천안함을 폭침시키고, 또
연평도를 포격한 자들은 누구냐?"

"고대녀! 너는 누구냐?"
"저들과 한통속이냐?"

강남 좌파

1

어느날 아침 신문에 "우리는 강남좌파다!"
유명대학 교수 셋이서 얼굴을 내밀고
조용한 떨거지들까지 함께 "일어서자"고
부추기는 도전장을 전국에 뿌렸다

지하조직, 점조직으로 힘을 키워
유사시에 판을 뒤집어 엎어서
좌파 세상을 만들어 볼 불순한
생각으로 신호탄을 쏘아 올렸다

지금은 때를 기다리며 지하에 숨어
땅굴을 파고 있을 좌파, 진보, 급진,
좌익, 개혁, 연대, 선전 선동을 부르짖는
붉은 무리들이 강남으로, 강남으로
바퀴벌레처럼 숨어들어 그들이 말하는
'강남공화국' 기둥뿌리 갉아먹는 소리가 들린다
무서운 그림자가 날아다니는 게 보인다

돈 세탁, 조상 세탁, 고향 세탁, 주소 세탁,
자동차 번호 세탁, 길거리 조형물 세탁…
모든 인프라 다 깔아놓고 나서
디-데이, 핵폭탄 선언만 남겨놓고 있다

2
좌익 우익, 좌파 우파, 진보 보수, 좌측 통행,
우측 통행 등으로 상충하는 역사의 수레바퀴는
그들의 손바닥에서 놀아나는
진흙탕 뻘밭을 벗어나지 못하고 있다

그러나 우파는 말이 없다
정의의 길이 있는 한 사필귀정의
그 길을 조용히 뚜벅뚜벅 황소처럼
뿔에 힘을 주고 좌파와 함께 걸어갈 것이다
〈우리〉 안에는 좌우가 따로 없다
그들과 함께 가는 길에는 오직
정의의 대로大路만이 있을 뿐이다

옹졸한 진보 좌파들의 이기주의 앞에는
하해河海와 같은 정의 바다가 있을 뿐이다
사필귀정의 쓰나미가 파도치고
해일이 일어나면
좌파의 조각배는 침몰하고 말 것이다

삼보일배 북상중

무등산에서 계룡산까지
자벌레 걸음으로 올라온 땡초들
천안 삼거리 세 갈래 길에서
기생 같은 손바닥에
갯벌 같은 침 한 입 뱉고는
다른 손바닥으로 탁 내리 친께
속리산, 북한산, 오대산……
그 중에 제일 많이 튀어 간
'속리산 쪽! 속리산으로 가자!
정 이품 소나무가 두 팔 벌려
우리를 껴안아 줄 것잉게.'
그 소나무 가슴에 새겨
깃발로 내 걸고 계속 치달아 가자
북한산은 이미 점령했응게
다음에는 오대산, 2012 고지까지
달려가자! 금강산이 지척이다
장군봉이 웃으며 우릴 부른다
'2012 고지는 우리 것이여.'
두고 보드라고- 으잉!

밤바다의 반딧불이

두만강, 압록강 사계절
생명이 물고기처럼 뛰는 강

죽음을 무릅쓰고
새 역사를 쓰기 위해
달랑 목숨 하나 행리로 챙겨
업고, 안고, 이고
벌판으로
살겠다고 죽어라고 내달린다

숨어들면 숨겨주던 인정도 매말라
어려운 고난의 행군 천 리, 만 리
밀림속에 벌레처럼 숨어들어
반딧불로 반짝이는 애처로운
등불 밝혀 들고 밤바다의 파도 뒤에 숨었다

동쪽 바다 건너 바라보고
"거기 누구 없소?"
'아- 나의 조국 대한민국!'
파도가 막아 서도 작은 불씨로

'반짝반짝' 가냘픈 생명의 불빛으로
파도 위에 뜬 반딧불이!
거짓 선동에 몸서리치던 심장부*까지
반딧불이로 떨어져나와 밤바다를 떠돌고 있다
구원의 손길을 기다리고 있다

※ 심장부 : 북한정권의 요직에 있던 자들

여의도 밥그릇

여의도 비행장이 어디론가 날아가면서
떨어뜨린 커다란 밥그릇 하나
수백 개의 젓가락 단 위에
거꾸로 떨어져 아슬아슬하게 걸려있다

금수저, 은수저, 뿔수저, 대나무수저, 갈수저, 흙수저
요즘에 와서는 스텐수저, 프라스틱수저……
어중이 떠중이까지 팔도에서 몰려오는 식객들!
서로 많이 뜯어 먹으려고 방방 뛰는 몰이배들!
입씨름, 주먹다짐에 금가고 이빨 빠진 밥그릇

본연의 할 일들은 뒤로 미루고 안으로만 굽어드는
팔뚝에 힘을 실어주는 향판의 밥타령이
세상을 비웃기고도 적반하장으로 여의도의 뜨거운
밥그릇을 거꾸로 쓰고 뒤로 넘어져 있다

4년에 한 번씩 밥그릇 설거지할 때가 되면
밥풀 하나라도 더 뜯어 먹으려고 덤벼드는
떼거지 아귀다툼에 한강의 잉어 떼도 덩달아
오염된 뿌연 물을 씹으며 둔치를 기웃거린다

지금은 좌파 민노총의 촛불과 언론과
전교조와 법조인과 각종 연대 무리들이
몇년 째 광화문에 진을 치고 세월호
어린 영혼을 앞세워 죄없는 대통령까지
내쫓고 나서 저희들의 비리를 덮으려고
밥그릇 두드리며 촛불 들고 굿판을 벌인다

50 원과 5억 원 사이
― 50 원 아껴 쓰기

같은 방향으로 가는 버스 중에 요금이 50 원 싼 게 있다
이왕이면 좀 기다렸다가 그 노선 버스를 이용한다

대범하지 못하다고 흉보는 사람도 있을 게다
돈은 일 전이라도 아끼는 것이
경제 생활의 기본이고 미덕이다
적어도 기본은 지켜야 인간이지

얼마 전에 어떤 곳에 사는
파렴치한 놈은 일당 5억씩
비리를 탕감하는 노역 형을 받은
미증유의 사건이 벌어져서
만인의 조롱거리가 되었었다 (유죄)

세상은 갈수록 험악해진다
유권有權 무죄無罪, 무권無權 유죄有罪라는
새로운 〈법 조문〉이 세상을 농단하는
'썩은 법 냄새'가 남풍을 타고
빠른 속도로 오감을 자극하며 올라온다

제2부

어머니의 빈 방

어머니의 빈 방

어머니 극락왕생하시고
빈 방엔 아직도 온기가 돈다

고향에 갈 때마다
문을 열고 '문안드리면'

웃으시며 손을 잡고
반가이 맞이하지만
내 맘은 그때마다 허허롭다

방은 언제나 비어 있어도
어머니 살아 있는 체취는

늘 방안 가득 피어나고
조용히 문을 닫으면

'또 언제 오노? 나는,
죽어도 서울 안 간데이'

'다시 또 올께요 어머니……'

버지기 거울

우리 어머니는 삼단 같은 긴 머리
뒤뜰 처마 그늘에서
잿물 가득한 버지기에
비춰 보며 감으셨다

몇 순배 감고 나서 헹굴 때
나는 두레박으로 물을 떠 날랐다

긴 머리 비벼 내리며 잿물을 씻어낼 때
그 때마다 물에 비친 어머니 얼굴, 내 얼굴이
하나 되어 동그랗게 동그랗게
버지기에 넘쳐흘렀다

버지기 안에 비친
파란 하늘이 흰 구름과 함께
창포꽃 내음처럼 환하게
빙긋이 웃고 있었다

※ 잿물 : 짚을 아궁이에 처대서 사그라지기 전에 너럭시루에 담고 물
  을 부으면 누런 잿물이 새나온다. 머리 감을 때, 빨래 삶을
  때, 썼다. 양잿물(청산가리)이 나오면서 사라져 갔다

벌의 눈물

지구도 열이 나서 땀을 흘린다
열대어가 한반도를 맴돌고
제주 춘란이 지리산을 거쳐서
충청도 지방까지 올라와
사람들을 유혹하고 있다

꽃이 피어 있는 기간이 짧아져서
미처 벌들이 잠을 깨기도 전에
꽃이 지고 벌이 갈 곳을 잃었다
벌은 꿀을 먹고 살고, 꿀은
꽃 속에 있는데
벌들의 일자리가 사라졌다

양재천 유아등에 꼬여들던
부나비들은 다 어디로 갔나
그들과 함께 벌도 갔나보다
집을 버리고 가버린 벌떼
꽃도 가고 꿀도 갔다

가짜 꿀이 벌은 속여도
사람은 못 속인다
벌이 없는데 꿀이 어디서 나오나

눈물도 보이지 않고
꽃 찾아 꿀 찾아 가버린 벌떼
가짜 꿀이 판을 치면
또 어디서 떨고 있을까
벌, 벌, 벌, 벌-, 벌-

누에의 일생

해마다 봄가을로 들려오는
뽕잎의 푸른 자장가 소리
엽록소와 잎맥과 그물맥을
'사각사각' 하늘에 고하듯이
읊조리며 훑어내리는 누에의 노래
한동안 뽕잎을 안고 노래하다
잠을 잔다. 일생에 단 네 번 자는 잠
높은 곳을 향해 고개를 치켜들고
맑고 투명한 꿈을 꾼다

연하고 푸른 하늘빛을 닮은
몸매를 가꾸기 위해
먹고 자고 먹고 자고 기도하는
고고하고 우아한 고요의 순간
대합장은 숙연한 순결의 파노라마
덮고 자던 포대기 벗어 던지고
한결 결연한 몸과 마음으로
오직 한 번 영토 표시를 하고는
영원한 섶을 찾아 승리의 깃발을 올리며
새로운 세계, 주름 잡으러 간다

별이 보고 싶다

세상이 이렇게 밝은데
하늘은 저렇게 어두운가
머릿속은 안개로 휩싸여
좌우를 분간하기 어렵다

낮이나 밤이나 세상은
어둡게 밝아 오는데,

한 떨기 별빛이 아쉬운 것은
세상이 어둡기 때문인가?
'윤동주는 아직도 하늘에서 외로운 별만 헤고 있나'

여명은 는개 속에서
보이지 않는 별을
하나씩 하나씩 주워 먹고 있다

별!
본 지가 까맣다
새까맣다

단풍 나무

옛날 선비들은 마당에
단풍나무를 심지 않았다
봄부터 연두, 초록, 빨강,
갈색으로 옷 갈아입는
변덕이 죽 끓는 나무

선비의 절개와 지조는
결코 변덕쟁이를
뜰 안에 들이지 않았다

집 뒤엔 절개를 심고,
뜰 앞에는 붉은 지조와 향기를 심고
가시나무로 악귀를 쫓아내어
흔들리지 않는 체통을 세워 왔다

스스로 얼굴을 붉히며 간사한
별꽃으로 피는 나무, 사람 마음
사로잡는 것은 무엇 때문일까?
세월이 변하여 정원수의 단골
감초 역할의 가면이 춤을 춘다

꽃동네

수십여 년 전 무극천 다리 밑에
아름다운 꽃이 피어났다
이름도 빛도 없는 꽃
아무도 돌아보지 않는 꽃

일제 징용으로 끌려갔다
병든 몸으로 돌아와
집으로 안 가고 다리 밑에
거적을 깔고 한평생 스스로 꽃이 되어 꽃같이
살다 간 최귀동 할아버지

어느 날 그 옆에 새로운 꽃송이로 피어난
성자 신부 오웅진
"얻어먹을 수 있는 힘만 있어도
그것은 주님의 은총입니다"

둘 다 고향에 돌아와
아름다운 사랑의 힘으로 피어난 꽃봉오리!
〈꽃동네〉 이루어 그 향기
온 누리에 번져 간다

산 넘고 물 건너

이 강산 어디나
산 넘고 물 건너면
모두가 내 고향 같은 나라
고갯마루
서낭당 돌무더기
돌 하나 던져 보태고
외나무다리 건너
갈림길 옛 주막집 터
잡초만 손짓한다

감나무 한 그루
제 혼자 푸르락 붉으락
가는 세월 아쉬워서
지나가는 구름 잡고
쉬어 가란다
놀다 가란다

술 한 잔 목축이며
하룻밤 묵어가란다

우리집 옆 골목

길 가에 있는 우리집 옆
골목은 막다른 피난처다
아침에 나가 보면 이 시대의 위인들이
벽에다 한 쪽 다리 들고
개처럼 물총을 쏘고 간 흔적이 흥건하고
어떤 날은 질펀하게 술판을 벌이고는
나뒹구는 소주병 두 개,
터진 새우깡 봉지 하나에 담배꽁초 일곱 개
내 소일거리로 남겨 놓고 가고
또 어떤 날은 한바탕
개워낸 술냄새가 진동을 하고
꼬불거리는 라면발이 살아 움직인다

날마다 버려지는 배터진 누에의 잔해들 쓸어내어
애증의 영혼들을 구재하면서
다음 손님을 위해 새 멍석을 깔아 놓을 수밖에
다 좋은데 구석진 명당자리에
똥무덤 써 놓고 하얀 손수건까지
덮어 놓고 간 우리집 옆 골목! 그래도
아침마다 무지개빛 해가 뜬다

맛있는 요리는 창의력을 수반한다
— 싯詩적으로 끓인 라면

혼자 나와서 끓여 먹고 지낸지도
강산이 변해가는 겨를도 잊은 듯
하는 일이 공연히 거추장스럽다 보니
어쩔 수 없이 밖에 나와 각 살림을
꾸려나가는 처지에 놓인 나는 누군가?

귀차니스트가 찾아올 때는 간단한
라면냄비에 기대는 경우가 많다
절차를 무시하고 내 방식대로 먼저
무조건 부엌에 불부터 지핀다

물을 좀 많이 붓고, 남은 반찬
버리면 죄 받는다 먼저 넣고, 무엇보다
냄비가 그득해야 푸짐해지니까, 그 다음
절차는 여느 사람과 다를 바 없다

면발이 퍼지기 전에 국물에 따라
옆에 있는 우유 한 팩을 붓고 맛을 본다
너무 싱겁다. 이 때 라면 수프를 반 쯤,
국물이 묽어졌다. 선반에 있는 미숫가루

20g 한 봉지를 다시 풀어 넣는다
국물이 뻑뻑해졌다. 아까보다 맛이 발전했다

물(좀 많이)+남은 반찬+라면+수프 반 봉지+
미숫가루 20g. 이 때 떡국이 들어가면 금상첨화!
맛의 극치를 이루어 낸다. 끓는 소리가 드라마틱하다
기포가 세라믹 뚜껑에다 그림을 그린다
불을 끄고 거품이 잦아들면 천하일미!
싯적인 라면 요리가 극적으로 완성된다

잠시 식을 때까지 늘 '돼지죽' 운운하던
마누라한테 전화를 건다
"라면 맛있게 끓여 놨으니까 와서 같이 묵자."
"보나마나 뻔하지 뭐." "돼지 죽!"
"혼자 많이 드시오" "아이다 이런 라면 니는
죽었다 깨나도 몬 끓인다 아이가?"
'이렇게 맛있는데…. 이거 혼자 묵기 아깝네.'

삶은 복숭아

햇복숭아 익을 때까지
기다릴 수 없었던 시절
아직 새파란 풋복숭아
유혹하던 이맘 때 쯤

한 소쿠리 따다가
감자랑, 강냉이랑
함께 삶아냈다

그냥은 먹기가 어려웠지만
온식구 둘러 앉아
운김으로 한 끼 때운다

물렁한 삶은 풋복숭아
감자 맛도 나고
강냉이 맛도 나고
복숭아 맛은 김으로
다 나가고 그저 그랬다

산기슭 밭머리 길가
홀로 자라는 까들복숭아
주인이 따로 없어도
오롱조롱 살이 붙으면
먼저 따는 게 임자였다

보릿고개 넘어갈 때
초근목피로 허기 달래고
풋과일 삶아 먹으며
꼽 삶은 보리 양식을
기다리는 사이에 방귀도
수줍게 문을 닫았다

들밥

농사철이 돌아오면
머언 들판까지
음식을 이고 지고 나간다

들판에서 먹는 음식
더 맛이 있었다
농주 한 사발이면
힘을 더욱 돋구어 주었다

인근 학교도 점심시간!
들판으로 선생님을 초대하면
논뚝길이 뒤뚱뒤뚱 모시고 온다

얼굴이 붉어져 교실로 돌아오신
들밥에 취한 선생님

오후 수업은 창가 시간,
보건 시간, 자습 시간
아이들은 신이 난다

모내기, 논매기 들밥
그 중에서도 가을 추수
들밥이 젤로 맛있었다

초가석草家石 동네
― 수석 연출

내 책상 한켠에는
초가석 동네가 이사 와서
다소곳이 이마를 마주 대고
말없이 소곤거리고 있다

눈이 피로하고
심신이 괴로울 때
그윽이 바라보면 들뜬
마음조차 고요해진다

초가지붕 뒤에는
쌍봉석이 배산을 두르고
집 앞으로는 폭포석이
임수를 베풀어 오면

윤선도의 오우가가
들려오는 듯 잔잔한
유릿빛 물결에 비치는
잠영에 빠진 고향을 본다

무지개
― 물지게

마포 염리동 산동네
칠부 능선쯤에 살 적에
수돗물차 오는 시간이면
물차가 서있는 작은 광장에
하루 종일 도열해 있던 함석 물통
찾아 지고 지그재그 골목길을
오르다 보면 똥지게하고 마주친다

그는 내려오고 나는 올라가고
수돗물 공급소 옆 큰길가에는
항상 똥차도 서고 물차도 서고
그렇게 살던 시절에도 지금처럼
인심이 사납지는 않았었다
가슴마다 끈적한 인간미가
물통의 물처럼 넘쳐 흘렀었다

썩은 감자 캐기

감자는 장마 오기 전에 캐야 한다
감자밭이 물에 잠기면 열을 받아서
멀쩡한 감자도 열병을 앓는다
저장된 곳간에서도 냄새는 풍겨 나온다

그 옛날 일손이 모자라던 시절
쉬는 시간이면 아이들도 줄다리기에 밀려
따라나서지만, 논같이 질척한 밭에서
뜨거운 감자를 캐는 일은 정말로
정말로 재미없는 하기 싫은 일이었다

꾸불텅거리며 달아나는 지렁이
허옇게 나뒹구는 굼벵이, 그보다
더 싫은 것은 굵은 썩은 감자였다
보기도 싫은데 특별대우를 하여
집까지 모시고 와서 목욕재계까지 시켜서
삭힘독으로 모시는 일은 옆에서 보기만 해도
곤욕스런 냄새와의 싸움이었다

특유의 향기(?)가 다 빠지고 나면 얼개미로

껍질을 걸러내고 녹매를 받아 이불호창에
고이 뉘여 마지막으로 일광욕을 시킨다
그 보드라운 회색의 감잣가루 이렇게 하여
썩은 감자가 눈물겹도록 변신을 하여
보드라운 감자가루로 재탄생한다

지금도 멀쩡한 감자가 공장에서 가루로 만들어져
당면, 감자떡, 옹심이, 수프 등의 원료로 쓰인다
그 옛날에 썩은 감자로 만든 가루 속에는 개구리 오줌
지렁이 똥, 굼벵이 똥, 두더지 똥, 땅강아지 똥, 노래기 똥이
섞여서 쌉싸그레한 맛이 특징적으로 일품이었다
그 감잣가루 특이한 맛으로 '특허'를 내면 안될까?

김밥 꽁댕이

지나 가다가 서서
"우리 김밥 한 줄 먹고 갈까?

바쁜 세상
간단하게
요기할 수 있는 천국

즉석 말이
깨곰보 김밥
머리와 꼬리는
들쭉날쭉 어설프다

너는 머리, 나는 꽁댕이
오뎅 국물에
헹궈 먹으면
한결 부드럽다

가지런히 남은 것들
서로 사이좋게
쟁반 위를 굴러다닌다

어떤 동행

늦은 밤 안갯속 퇴근길
콘베어 밸트처럼 버스가
흘러가다 멈춰 섰다

차는 가고 몇 개의
발자국만 빗속에 남았다
가로등도 없는 비오는 좁은
골목길 접어들면 갑자기 무서워진다
발자국 소리가 커진다. 누가
뒤에서 따라 온다. 점점 빨라진다

'하이힐 구둣소리!' 멈췄다
홱 돌아섰다
"누구요? 왜 자꾸 따라 오는거요?"
어둠 속에 드러난 하얀
역삼형 세 꼭지점!

놀란 듯 웃음 섞인 목소리로
"아이고, 아저씨!
저도 이 골목에 살아요."
동행이 생겨서 덜 무서워졌다

제3부

길상사로 가는 여인

길상사로 가는 여인

'나와 나타샤와 흰 당나귀'를
평생 가슴에 품고 살아온 한 여인

그녀의 마음속에 있는 나타샤가 되기 위해
오래도록 사랑을 쌓으며 살아왔다

철없던 시절 속절없이 흘려보낸 세월
가슴에 묻고 살면서 쌓인 짐을 풀어 놓을
안식처를 찾아 헤매다가 부처님이
보내주신 한 스승을 만났다

"가진 것 다 내려놓고 여생을 산문山門에 기대어
기도하며 살다보면, 마음의 백팔번뇌가 스르르
봄눈 녹듯 다 사라질 것이오."

그 한 마디 말에 모든 것을 정리하고
눈이 풀풀 날리는 날, 평생을 우러르면서
흰 당나귀를 타고 오실
그 시인을 마음의 부처님으로 모셨다

캐빈오록

캐빈오록!

한국이 좋아
자기의 뿌리를 한국에 옮겨 심고
뿌리내린 그가

우리도 어려워
손 못 대는 고전古典, 문학 섭렵하고
영어로 번역하여

세계에 전파하는
큰 일에 쏟은 열정 지금껏 몰랐던 우리
미안하고 부끄럽다

우리 말, 우리 문학
우리보다 잘 아는 그는
이제 더 이상 이방인이 아니다

캐빈오록!

※ 캐빈오록 : 아일랜드 출생(현재 한국에 살고 있음), 외국인으로는 최초로
 한국문학 박사 학위 취득, 수 많은 고전, 한국 현대 문학 영역

가을 소나기

천의 얼굴을 가리고
늦가을 뜨거운 바람이
하얀 구름을 몰고 다니다가

양전기를 띤 구름과
음전기를 띤 구름이
시꺼멓게 하늘을 가리우고
불꽃 튀는 사랑을 하다가
얼굴 두꺼운 마음만 타버렸다

전깃줄이 끊어지고
나뭇가지가 부러지고
논밭이 떠내려가고
염색한 머리 반 파뿌리 되어
이 언덕에 거꾸로 올라와
가끔씩 나부끼고 있지만
마음은 아직도 무겁게 흔들린다

눈총이 부딪히는 순간에도
어설픈 연모가 자라나고

가슴이 뛰는 박동에도
떨리는 손으로 더듬다가
반딧불에 덴 상처로 남아
눈가에 나붙은 명태껍질에 가린
사임당 할머니의 쓴 웃음이다

아직도 늦가을 바람이
검은 구름 뒤에 숨어서
묘한 추파를 던지고 있다

레나테홍의 사랑

북한 유학생 홍씨와
동독 여학생 레나테가
뜨거운 눈目싸움을 하다가
아들을 둘씩이나 낳았다
그게 1960년의 일이었다

다음 해에 강제 송환된 홍씨!
생이별 53년을 수절한
레나테 홍의 비극적 사랑이 보도되면서
UN 사무총장, 김전대통령,
독일 전대통령까지 나서서
재회를 돕겠다고 협조를 했다

2012년 추석에 재상봉을
손꼽아 기다리던 중 남편이 갑자기(?)
뇌출혈로 사망했다는 통보!
약속대로 남편의 묘를 찾아 고향
함흥으로 아들과 함께 찾아 왔다

송환되어 재혼하여 낳은 딸이
김일성 뺏지를 달고 나와서
남편 대신 레나테홍씨를
맞이하는 비극적 만남이 이루어졌지만,
냉랭한 분위기는 사진 속에서도 감돌고 있었다

억울한 사랑의 묘비는 혼자서
생과 사, 북한과 독일, 하늘과 땅을 못다한 사랑으로
이어주는 가교 역할을 다 하기에는
어딘가 빈약하고 쓸쓸해 보였다
임자 없는 비목처럼 울고 있었다

뷔너스와 함께 목욕한 사나이

이번에 이사를 하면서 뷔너스를 처음 안아 봤다
체온도 체취도 감각은 더욱 없었다
그저 차갑고 딱딱한 피부였지만
그 옛날 표정은 그대로 간직하고 있었다
그래도 희대의 천하 미인을
내 품에 안아본다는 것은
그리 흔한 일이 아닐 것이다
비록 석고일망정 '한 번'
뽀뽀라도 해볼까 하다가
짙은 화장에 멈칫했다, 먼지!
이십 년 넘게 방 한구석에서
나를 바라보고만 있던 그녀
망부석처럼 굳어져가면서 얼마나…
텅 빈 가슴으로 원망했을까 그 표정이
가까이 하기에는 머언 고독의 여인
내친 김에 욕실로 유혹해 들어가서
샤워를 같이 했다. 시꺼먼
뗏구정물이 줄줄 흘러내린다
샅샅이 씻겼더니 더 예뻐졌다
반신상만 되었어도 좋았을 걸……

누드 군상
─ 숲은 봤어도 나무는 못 봤다

수영장에는 남녀 탈의실이 따로 있다
전처럼 오른쪽 남자 탈의실로 들어서는데
샤워기 밑에 떼지어 모여 있는 여자 나신들!
먼저 본 사람이 으악! 비명을 올리자
일시에 가슴을 감싸고 방어 자세를 취했다
위치가 바뀐 줄을 모르고 종전처럼 당당하게
남자 탈의실로 들어서는데 황당한 일이 벌어졌다
여자 누드 군상을 보기는 하늘의 별따기 보다
더 어려운 일인데 행운의 기회가 주어졌다
눈 앞에 실물로는 처음 보는 파노라마였다
순식간에 극적으로 일어난 희대의 사건인지라
무방비 상태의 내가 더 크게 놀랐다
놀라면 간이 콩알만 해져야 하는데
웬일로 가슴이 벌렁거리기만 할까. 그때의
잠재영상이 아직도 생생하게 살아있는 까닭은 뭘까?
기억에 또렷이 남아 있는 것은 그때 들은
높은 음의 비명소리! 떼 지어선 여체 누드 군상!
얼마나 극적이고 시詩적인 장면이었던가?
　그녀들은 나를 분명히 봤어도 나는 숲만 봤지 나무는 보지 못했다
　모두가 웃고 있었던 것도 불가사의한 수수께끼다

뒤태

길을 열심히 가다 보면 가끔
뒤에서 냅다 질러 내 앞을
종종거리고 내 닫는 이가 있다
뒤태에 자신이 있어서일까?

남자의 경우 대게 바빠서
추월해 가기도 하지만, 여자는
아니라는 것을 말해 준다. 공연히
머리카락을 뒤로 쓸어 넘기고
엉덩이에 힘을 주는게 뻔히 보인다

호기심이 발동하여 가속을 해보면
머리카락 사이로 언뜻언뜻 보이는
옆모습이 역시나 매력적이다

저만치 가다가 뒤돌아 보면
앞태의 윤곽이 드러난다
앞태는 품品이고 뒤태는 격格이다
품은 하늘의 뜻이고, 격은 땅의
운기를 받아 가꾸어야 나온다

품격을 고상하게 갖춘 사람은
하늘이 내리고, 땅이 올려야……
앞태는 가변적이고 뒤태는 일관한다
우아한 품격은 뒤태가 가름하여
하늘과 땅의 합동작품이다

위그루 아가씨

청포도 송이만 보면
타클라마칸 사막 오아시스 동네
위그루 포도밭에서 아가씨와
청포도를 따 먹던 생각에
가슴이 설레어 온다

실크로드로 가는 길목
동서양의 합작품인
날씬한 몸매에
예쁜 얼굴은 지금도
내 마음에 파고들어
포플러 가로수 길을
긴 머리 흩날리며
아련히 뛰어 나온다

짧은 여행길에 그렇게
순진하고 인정 많았던 사람들
아직도 평화롭게
오아시스 농장에서
청포도처럼 싱싱하게
살고 있겠지 위그루 아가씨

다시 한 번 찾아가서
청포도랑, 호두알이랑,
화덕에 구워낸 넓적한
밀가루 떡 나누어 먹으면서
포도밭에서 숨바꼭질도 하고
하룻밤 질펀하게
사랑도 나누고 싶다

하숙집 딸

미아리 길음시장 뒷골목
딸만 둘 있는 연씨네 집에서
하숙할 때 하숙비가 밀려서
큰 딸한테 독촉을 받았었다

아침 서리를 밟고 뒷동산에 올라
울적한 마음을 달래고 내려오는데
길가에 서리 맞은 누런 종이봉투!
눈물 젖은 하숙비 이천 원이었다

'하늘이 무너져도 솟아날 구멍이 있다' 는 말
그 날부터 믿기로 결심했다
'일찍 일어나는 새가 먼저 먹이를 잡는다' 는 말도
앞으로 절대적으로 믿기로 했다

자존심을 세워준 그 누구에게
신의 가호가 있기를 진심으로 바란다
부엌에서 밥하던 둘째 딸이
가끔 생각날 때가 있다 지금도

체리 키핑 cherry keeping

연봉 8,800만 원 짜리 고임금 금융 노조가
이 총체적 위기 상황에서 말도 안되는 '성과 연봉제'를
반대한답시고 1만 8,000여 명이 모여서
붉은 머리띠에 피켓을 들고
3%의 극렬 분자들이 성산동을 들었다 놓았다
그 곳에 무엇이 있는지 모여서
제 실속만 챙기는 이기주의 제단을 쌓고 있는가?

'정치는 진보 좌파 국해國害의원들이 망치고,
교육은 종북 전교조가 다 망치고,
산업 경제는 망국적 노조 새끼들이 망치고 있다.'
선량한 국민들의 분노는 알고도 외면하는 놈들,
니들 부모나 자식들은 박수치면서
"우리 아들, 우리 아빠 파이팅!"을 외치고 있겠지
그래야 황금수저 귀족노조 자리가 세습될 테니까
너희들 눈에는 북의 미사일 날아가는 불빛이 안 보이고,
귀에는 풍계리의 핵폭탄 터지는 소리가 안 들리겠지
"아서라! 죽 쒀서 개 존일 하지 말그라! 으잉?"

그때 그 눈물 맛

목마른 사람이 샘을 판다지만
아무리 급해도 금방은 못 먹는다

시샘하는 흙탕물이
가라앉을 때까지는
완주 여인의 버들잎 같은
마음을 읽을 수 있어야

집으로 가는 논둑길
석양에 부서지는 옥수玉水!
논귀에 엎드려 들이키는데
햇볕이 뒤에서 등을 어루만진다

그 때 그 물맛은 원효가
마시던 해골바가지의 그것과
어찌 비길 수 있을까

육십 년이 지난 지금도
잊지 못하는 것은 그 자리에
들어선 비닐하우스의
오만한 위선 때문일까?

돈 주고 사 먹는 물도 역겹지만
어쩔 수 없이 비싸도
사들고 다니며 생명수처럼 마신다

어디에 샘을 파도 마음 놓고
마실 물은 없다. 그때
그 눈물 같은 물맛은
이 세상에 다시는 없다

인사동 신풍경

인사동 거리를 흐르는 인파
휴일이면 더 넘쳐난다

별 볼 것도 없는 거리에
덩달아 미적거리는 유유자적
작은 인종 시장이 따로 없다

그 옛날 고풍스런 멋은 간 곳 없고
주인 바뀔 때마다 혼란스럽게
길바닥부터 손을 대더니만
대표성이 사라지고 싸구려
장사꾼이 밀고 들어와 설쳐댄다

중국을 뒤져 갖고온 때묻은
음산한 유물, 아프리카 토속품이
길거리에 거적을 깔고 누워
우리의 유물들을 밀어낸지 오래다

유일한 소나무 한 그루도
세월을 탓하며 생기를 잃어간다

(인파를 헤집고 혼자서 씩씩하게
걷고 있는 멀쩡하게 생긴 사나이!)
길거리의 분리수거함 앞에서
먹다 버린 음식물을 탐식하다가

나머지는 주머니에 집어 넣고
흐뭇한 표정으로 북악산을 바라보며
다음 베이스를 향해 개선장군처럼
뭇 시선을 끌고 간다
인사동을 통째로 끌고 간다

내성 장날
― 고누무 고등어

재 넘고 물 건너서 올망졸망
이고 진 촌 사람들 모여들어
장날마다 인산인해
싸전 골목 쌀 팔아서
어물전에서 고등어 한 손 사고

사돈 만나 국말이 밥, 막걸리
몇 사발 주거니 받거니 하루
해를 다 마시고 얼큰해서
투박한 손 마주 잡고
성긴 잇발 사이로 새어나온
더털웃음 웃다 보면

"사돈요 잘 가시데이―"
"예, 다음 장날 또 보이시더"
이리 가고 저리 가는
갈림길에 한참 서서
하던 얘기 또 하고, 가다가
돌아서서 또 한 번 인사하고

휘이적 휘이적 취한 걸음
집에 오면 달 뜨는 초저녁

"아부지 이제 오시니껴"
"오-냐, 이거 받아라"
"이게 머이껴"
"……?!"
"아뿔사!"
"고누무 고등어, 도망 갔부랬네!"

동그랗게 묶인 빈
지푸라기 바라보며
"고누무 고등어, 고누무 고등어"
"빠져나갔데이."

"다음 장날이 초이랫날이제?"
"내 이제 다시는 술, 안 묵는데이, 두고 봐라"
"다음 장날 찾아 오마"
"주막집에 그냥 있을 끼다"
"고누무 고등어!"

리즈의 다이아 반지

엘리자베스 테일러가 끼던
손 때 묻은 다이아 반지!
우리나라에 와서 101억 원에 팔려 나갔단다
웬만한 집 열 채 값이다
그저 '그림의 떡'이면 됐지. 꼭
그거 낀다고 지가 리즈가 되나?

그 소문난 가락지 꼭,
내 손가락에 끼워야 직성이 풀리는
대리만족 졸부들! 광신자들!
리즈처럼 이뻐지고, 오나시스처럼
재클린을 품고 싶어하는 멍충이들이
도막난 이 땅에서 어쩌자고
예의염치도 없이 기름을 부어대나
욕먹는 줄 모르고 불을 지르나
불타는 욕심은 하늘을 태우고
불티가 날아가서 이웃집에
옮아 붙어도 끝간 데 없는
부푼 간뎅이는 수술로도 못 고친다

제4부

경포대 땅거미

경포대 땅거미

경포대 솔밭 사이
흰모래 이려내는

바다가 넘치도록
물거품 밀고 온다

대관령 개밥바라기
별로 뜨는 새색시

경포호 내린 별을
밤 물새 주워 먹다

놀라서 날아 오른
하늘가 울음소리

노을 속 갈대숲 찾아
깃들이는 쇠오리

저만치 시를 두고

지름길 두고 먼 길
돌아 갈 사람 있을까?

오늘도 사람들은 지름길만 찾아
거리를 헤매고 있다

없으면 억지로 만들어서라도
그 길로만 가려고 한다

돌아올 수 없는 줄 알면서도
바보 같은 그 길을……

'질러가면 똥을 싸고,
돌아가면 밥을 싼다'
시 같은 속담이 길을 안내한다

묻는다
인생에 지름길이
있는가 없는가를

꽃의 향기

향기를 속으로 품고 사는 꽃은
향수병 뒤에 숨어서
라벤더 꿈을 꾼다

상큼한 꽃살 내음새
목줄기를 감고 흘러
코끝에서 맴돌다가도

어디서 비린내 나는
싱싱한 생선 뱃살
허연 비늘로 일어난다

햇강아지 킁킁거리며
긴 꼬리를 흔들면서
목덜미를 기대오면

창포에 머리 감은 저녁연기
고샅길 싸고돌며
아름다운 향기로 피어오른다

시 짓는 사람

시를 쓴다는 것은
마음의 검불을 긁어내고
쓸어서 태우는 일이다

남은 알갱이들 속에서
반짝 빛나는 그 무엇!
마음을 여는 구슬이다

그 구슬을 금실에 꿰어
엮어내는 기술자가 바로
시를 짓는 장인바치다

남해섬 일주기

남해섬 바닷가에는 옹기종기 농어촌들이
호수 같은 물그림자에
하늘을 드리우고 살고 있었다
따뜻한 남쪽나라 바로 이곳에 독일마을,
미국마을, 프랑스마을도
이사 와서 함께 살고있다

다랭이 마을 백팔 계단 논,
크고 작은 육백팔십 뙈기
풍농풍어 무사안녕을 비는 곳
돌제단 '밥무덤'이 있다
금산 보리암의 절경은
양양 낙산사, 강화 보문사와
삼대 해수관음 성지로서
수많은 중생들을 보듬고 있다

한려 해상 국립공원에는
그림 같은 다도해 명경수
그대로 바다가 되고, 하늘도
내려와서 동서를 아우르고 있다

옹달샘

높은 고개 넘는 이쪽 저쪽
산기슭에는 반드시 옹달샘이
생명수처럼 솟아 나왔다

목마른 고갯길 목 축이며
쉬어 가라고 앞서 간 길손이
파놓은 동그란 하늘이다

날짐승 길짐승 와서 마시고
뜨거운 여름날엔 흰 구름이
내려와 멱 감고 가기도 한다

떡갈나무 이파리 고깔로 접어
흰구름 한 조각 떠 마시면
얼음 맛에 목구멍이 선득해진다

지금은 아무도 찾지 않는 그 자리
이끼 낀 세월만 돌나들에 앉아
바닥에 가라앉은 뼈만 남은 가랑잎
을씨년스런 과거를 덮어 가고 있다

우캐 널기
— 벼 말리기

온돌방에 불을 때면 구들이 달아 오른다
그 열을 내버려 두면 밤새 다 날아가지만,
달아나는 열을 잡아서 나락에 열고문을 하면
나락을 빨리 말릴 수 있었다

초석 자리 걷어내고 맨골바닥에 나락 서너 섬 깔면
한 반 자 가량 방바닥이 부풀어 오른다
그 위에 멍석 깔고, 초석자리 다시 펴고
여상시리 거처를 한다

처음 며칠은 잠 잘 때 등에 습기가 차서
기분마저 축축해진다. 그렇게 이삼 일
지나고 나면 그 기운이 사라진다. 습기가
안 차면 다 마른 거지만 기분은 안 마른다

마른 나락 퍼 담는 일은 아이들 몫이다
처음 생나락 부을 때보다 먼지가 더 나서
코와 입을 수건으로 막아도 수건을 뚫고
기도를 공격해 오지만 콧구멍이 잘 막아준다

다 퍼 담으면 또 갖다 붓는다. 모래밭을
맨발로 밟는 것 같아 싫지만 안 할 수가 없다
마른 나락 찧으면 쌀이 되고 돈이 된다
하루 품삯이 쌀 한 되! 우리는 품값도 없었다

서답 삶는 날
― 빨래 하는 날

흰 무명 옷 주로 입고 살던 시절에는
때도 잘 타고 한 번 타면 잘 안 지는 민주꺼리
빨래 때! 조상이 물려 준 경험대로
잿물에 삶아서 빨면 쏙 빠지던 천연 세제!

수복 이후 아직 어수선하던 시절 마포 서강
방죽에는 날마다 빨래 인파가 피난민보다 많았었다
큰 양은솥, 장작 한 단, 빨랫거리 이고, 들고 와서
서답을 삶으며 하루 종일 인파로 붐비던 빨랫터

이 무렵 서답 삶아주는 대행업자까지 등장하여
큰 드럼통에 여러 집 빨래를 동시에 넣고 삶아주던
진풍경 속에 하루 종일 떠나가던 마포 빨래터!
서울 시민의 대형 노천 세탁장이었다

시골에서는 서답 삶는 날은 아침부터 분주 했었다
볏짚 쳐대서 너래기에 잿물 받고 온 식구
빨랫거리 모아서 큰 가마솥으로 하나
삶은 서답 식기 전에 한 두 버지기씩 이고
거렁가에 가서 겨울이면 모닥불 피워놓고

얼음 구멍 찬물에 벌건 맨손 간간이 쬐며
말표, 무궁화표 빨래 비누 허옇게 누렇게 칠하고
방맹이로 하늘 치고, 땅 치던 시집살이!

마당을 가로 질러 긴 빨랫줄에 펄럭이던 빨래!
바지랑대 높이 솟아 하늘을 찌르는 설치 미술이
하얗게 펼쳐지던 서답 삶는 날은 동네 아낙들
아름다운 영혼의 퍼포먼스를 공연하는 날이었다

※ 서답 : 흰 무명 옷을 입고 살던 시절 유난히 옷에 때가 잘 탔다.
잿물에 삶아야 때가 잘 빠졌다.
이때 빨랫거리를 서답이라고 했다.

천국 가는 길

필리핀 루손 섬 산꼭대기
깊은 산 속 높은 바위 절벽
수 십 미터 하늘 꼭대기에
한 발짝이라도 하늘 가까이 가고 싶은
소원이 쇠 막대기 몇 개에 매달린
관들의 행렬이 처연하게 보인다

죽어서 하늘 공중에 묻은 육신이
구름 속에 누워 세상을 굽어보고 있다
드나드는 영혼이라도 쉬어 가라고
나무 의자까지 매달아 놓았다
곡예로 가는 황천길 두 번 죽을 각오로
높은 절벽을 두 다리는 발돋움

500년 전에 와서 매달린 관부터
몇 해(2006년) 전에 찾아 와서
매달린 간절한 소망이 보는 사람들
마음을 함께 묶어가는 좁고 험한
바위 비탈 산길을 오르는 숭고한 고독이
하늘 거울에 비치어 어른거린다

천국 가는 동행길은 산 자나 죽은 자나
앞서거니 뒤서거니 차이 뿐인데,
풍장도, 조장도, 매장도, 화장도 아닌
하늘에 매달아 현장懸葬을 지내는
풍습이 높은 산 하늘 가까운 바위 절벽,
벼랑에 등불처럼 걸려 영혼을 밝히고 있다

양탕洋湯국의 역사

구한말에 귀족 음료로 등장한
가비加菲, 가배珈琲!
1898년 고종황제를 독살한 '커피차!

불란서 상인 부래상富來商이 호객용 미끼로
고객들에게 내어 놓은 쓰디쓴 시커먼 국물- '양탕국!'
광복 후에 되찾은 제 이름 '커피'
6 · 25 때는 회충약으로 애용되어 왔었다

60년대에는 5,000군데가 넘는 다방에
실업자, 룸펜들이 모여들어(쌀 두 되 값도 넘는 커피를)
밥은 거르면서 마셔대던 진풍경! 커피에
담배 꽁초를 섞어 끓여 '꽁피!' 라는 신제품 등장

70년대 이후 산업화가 불러 온 인스턴트 식품, 그 뒤
커피믹스도 끼어들어 맛의 황금률을 창조해 낸
위대한 승리가 자동판매기까지 업고 왔다
목 좋은 곳에서는 지금도 성업중인 '양탕국' (커피) 자판기!

전자 산업 발달로 자동 판매 행위는 오늘도
모든 분야에서 사람이 하던 일을 빼앗아 가고 있다
따라서 다방도 모두 아가씨 따라 가버리고
고급(?)까페만 늘어가고 커피 값도 덩달아
하늘 높은 줄 모르고 구름 따라 올라가고 있다

노거수 老巨樹

인걸은 쓰러져도 고목은 내력을 지켜 간다
이도 저도 못 지키는 알량하고 실속없는
역사의 수레바퀴가 덜컹거리면서 지금까지
만 년을 아스라이 굴러 왔고, 또 굴러갈 것이다

예나 지금이나 제 밥통 지키는 이기주의가
인걸을 몰라 보는 시새움으로 점철되어
거인의 발목을 잡아 뛰도 걷도 못하는
시쳇時體 바람만 지분거린다

방방곡곡 널려 있는 거목들 늙어가며
수백 수천 긴 세월 마을 지키고,
사람을 지키고, 나라를 지켜 온
역사의 지킴이를 돈으로 보고 침을 흘리며

역사의 뿌리를 잘라다가 장식품 만들어
팔아 먹는 돈버러지 같은 놈들!
고목보다 먼저 살아 온 조상들의 역사가
서려있는 '정이품 소나무'를 보라!

전국의 노거수老巨樹 지도가 나와서
답답한 가슴을 쓸어주기는 하지만,
이미 사라진 역사의 증거목이 섰던 자리에는
같은 종種의 묘목을 다시 심어 가꾸어야 하리라

카카오톡

최근에사 카카오톡의 문을 두드렸다
스마트한 핸드폰이 온 세상을
하나로 묶어 너와 나를 똑똑하고
아름다운 영혼으로 수놓아 가고
있다는 것도 카톡방에 들어와서 알았다

그냥 전화만 주고받고 이미지나
기록해 두는 정도만 해도 옛날
핸드폰보다는 얼마나 감지덕지한지
신주 모시 듯 끼고 살았었는데,
요즘은 카톡의 유혹에 무너져 가고 있다

세상에 이런 요지경 세계가
내 손바닥 안에 들어와 춤출 줄이야?
꿈엔들 아무 것도 모르고 살아오다가
늦게나마 조금씩 새롭게 알아가는 것이
얼마나 불행 중 다행으로 다가오는지 모르겠다

그 어떤 매스컴에서도 다룬 적이 없는
기상천외한 사사건건들을 깊이 있고

통쾌하게 다루어가는 용기 있는 숨은
제스처들은 사용자들의 심금을 울리는
신통력神通力으로
"카톡카톡,
카카톡 카톡"
고개를 넘어간다

라일락 꽃 향기

향기의 여왕
라일락 꽃
꽃 내음 유혹에
그냥 지나칠 수 없어
쳐다보면 그윽한
보랏빛 꽃 향기

또 쳐다 보면
하이얀 꽃 떨기
푸른 색, 자색,
청색, 담자색,
자정향紫丁香, 릴라,
서양수수꽃다리

색깔도 이름도 많은
라일락 꽃
꽃피는 한철에나
찾아오는 성향盛香의 女人!

꿩 먹고 알 먹고
― 꿩을 위한 애상곡

태초로, 공·자전公自轉을 쉬지 않는
섭리가 어디 그것 뿐이겠는가?
지축이 23.5도로 기울어질 때부터 춘·하·추·동이 돌아가고
봄 햇볕 양지바른 산기슭 산불이 잠을 털고 일어나면
잔솔밭에 알 품은 까투리 제 목숨 태워서
알을 지키는 저 불타는 모성애가
또 한 번 지축을 흔들어 놓을 때
못된 나무꾼, "꿩 먹고 알 먹고, 알 먹고 꿩 먹고……,"

지금도 꿩 같이, 알같이 알락달락 살아가는 사람들 꼬여서
제 입맛대로 눈을 부릅뜨고 설쳐대던
봉화산 그 나무꾼, 제 발에 걸려 납작한
바위로 떨어져 그 자리에 엎드려 SF소설을 쓰고 있다
대를 이을 또 다른 나무꾼이 이 빠진 도끼를 매고
꿩 찾아 알 찾아 어슬렁 어슬렁 일어서서
지게 목발을 두드리며 행진곡 콧노래 부르면서
2017고지를 향해 천방지축으로 날뛰고 있다

광고의(또 다른) 효과

버스 정류장 광고판에

반나의 외국 여인이 웃고 있다
더벅머리 행려인이 다가와
씨익 웃으며 손을 내민다
얼굴을 쓰다듬어 애무한다

집게 손가락과 장지 사이로
코를 집어 잡아 당긴다
피노키오 코처럼 주욱 늘어난다
그의 가슴에 들어와 박힌다
오늘밤 잠자리까지 가려나 보다

여인의 얼굴엔 때 묻은
손자국이 선명하고 그 사람
가슴엔 어혈이 맺혔다

성희롱인가 추행인가 폭력인가
아니다 그저 굶주린 본능의

인지상정이 발동했을 뿐이다
채면과 염치 따위는 이미
길바닥에 팽개친지 오래다
남루한 행색이 오히려
당당한 그 사나이 시선이 맑다

그를 목욕시키고 반듯한
옷 입혀서 내 곁에 세우고 싶은
심사가 나를 우울하게 한다

태양의 미소

해가 져도 태양은 떠 있는 이상한 곳
비가 오나 눈이 오나
태양이 미소 짓는 곳
김일성이 웃는 날만
태양이 미소 짓는다고?

제5부

태양의 질량

태양의 질량

 이 우주 공간의 모든 물질은
다 질량을 갖고 있다
그 질량은 절대 사라지지 않는다

우리는 태양이 얼마나 무겁고,
지구가 얼마나 가벼운지 알 필요가 없다
알아도 아무 소용이 없다. 살아가는 데에는

우주과학자들은 시시콜콜한 것까지도
거리가 얼마고 질량이 얼마나 되는지
연구하느라 잠을 설치며 노심초사한다
그 덕분에 우리는 재미있는 세상에서 이렇게
아무 걱정없이 잘 먹고 잘 살고 있지 않는가?

「태양은 2,000,000,000,000,000,000,000,000,000 t의 질량을 갖고 있다.
 그 에너지를 1년에 7조(7,000,000,000,000) t을 소모한다니까,

적어도 앞으로 50억 년은 태양과 함께 살 수 있겠다」
태양 에너지가 다 사그라지면 어떻게 될까?
그래도 「E=mc²의 원리」는 소멸되지 않을 것이다

지금까지 태양의 질량을 걱정해 본 적은 없다
우연히 「아인슈타인의 쏙 나온 혀」 사진을 보고
옛날 물리 시간에 배웠던 「질량불변의 법칙」의 원리가
아직도 내 호기심을 자극하고 있다는 사실에 놀라서
이마를 탁! 쳤더니 내 혀가 저절로 쏙 나왔다

※ 숫자 단위의 명칭
   일, 십, 백, 천, 만, 억, 조, 경
   해, 자, 양, 구, 간, 정, 재, 극
   항하사, 아등지, 나유타, 불가사의
   무량대수(無量大數)
※ 태양의 질량 : 2,000,000,000,000,000,000,000,000,000 t
       – 「E=mc²」에서 인용

외로운 늑대들
― IS(이슬람)

이슬람(IS), 불쌍한 시리아 모래밭에서
검은 석유를 파먹고 사는 외로운 늑대들
요즘은 먹을 것이 없어서 조상이 남긴
역사 유물까지 뜯어 먹고 있다
그걸로는 양이 안 차니까 인질극을 벌이면서
하나씩 하나씩 차례로 잡아먹는 살인마로 변했다

피맛을 본 외로운 늑대들!
드디어 본색을 드러내어 사막의 여우처럼 눈에 불을 켜고
발칸 반도를 뛰어 넘어 유럽으로 침투했다

불꺼진 에펠탑에 올라가서
세상을 비웃는 듯 "워우―우―우―우―"
알라의 주문을 외우며 이슬람 천국을 꿈꾸고 있다

최근에는 지어미까지 잡아먹는 흉악한
외로운 늑대, IS집단들, 살인을 생업으로 일삼는
카인의 후예들! 그들이 마지막 가는 곳은
영원한 늑대의 소굴이 아니기를……

개 같은 세상

동산 밑 성당 앞을 지나는데
어디서 나타났는지 통통한
개 한 마리가 졸졸졸 따라 온다

오줌 누는 자세가 암캐를 닮았다
(나를 숫캐로 보고 유혹하는 거야?)
내가 뛰면 저도 뛰어 따라 온다

행색이 버려진 들개는 아니다
외로워서 집을 나온 모양이다
(내가 첫 손님인가?) 무서워진다

개 같은 인간들이 설쳐대는 세상이다
진짜 개가 설치니까 더 무섭다
뛰다가 몸을 숨기고 뒤돌아보니까

반대 방향으로 가는 또 다른
사람을 따라 돌아서 꼬리치며 쫓아간다
개는 사람 같고, 사람은 개 같은 세상

바다 이야기

끊임없이 인간을 향해서 의미 없는
추파를 보내오는 파도의 웃음소리
미우나 고우나 사위의 바다는
밤낮 없이 쉬잖고 지분거린다

바람 든 주무를 타고 떠난 영혼
밥무덤에 한 그릇 밥으로 남아
또 다른 생명을 잉태하는 바다는
너털웃음을 웃으며 멀리서부터 다가온다

파도 위 뱃머리에 올라 앉아 하늘이
내려오기만 기다리는 애절한 망부의 노래
어쩔 수 없이 하늘에 지은 죄 앞에
오늘도 부두엔 소망의 주문이 소란스럽다

거친 갯바위 씻어도 씻어내도
시커먼 돌밭 틈바구니에는 짠
소금벌레 잔챙이들 고물거리며 거품을 빼물고
바다의 이야기를 쓸고 다닌다

통통배 작은 포구를 주름잡아 오면
어두운 뻘밭엔 유령의 발자국이
하나 둘 마중 나가고 등댓불 반짝!
바다의 이야기를 하늘에 써가고 있다

'수십조 원짜리 바다이야기'보다
아름다운 속삭임이 영혼의 아랫도리를
쓸고 지나가면 밤바다의 유령들이
소금처럼 너른 바다에 자취를 감춘다

신을 죽인 자에게

당신의 그 말 한 마디가
이 세상 사람들 마음속에서 신을 죽여 버렸다
그러나 신은 죽지 않는다
각자의 가슴마다 다른 모습으로
쇠비름처럼 살아나고 있다

사람이 바로 신이고 법이다
전쟁신, 폐권신, 재벌신, 불법신, 공부신,
향판신, 조폭신, 노조신, 종교신, 사랑신, 종북신……
신이 하늘에서 땅으로 내려왔을 때
천사의 너울을 숨긴 사건을 곧이곧대로
자백하는 순간 신은 인간을 버렸다

태양 에너지가 소멸되는 순간, 마지막
우주의 새로운 질서가 재편되는
찰라에도 $E=mc^2$의 진리는 신의 몫이다
신의 손 안에서 정의롭게 살아 갈 때
못 다 한 인간의 영혼을 아우르는 힘은
진정한 신통력神通力으로 살아남으리라

에스컬레이터를 타고 내려가는 햇빛

아침 햇빛이 에스컬레이터를 타고
지하철역 안으로 들어간다
경사진 벽을 타고 사람들도 줄을 서서
그림자와 함께 따라 내려간다

내 앞에 선 총각이 자기 머리카락
몇 가닥이 뾰족한 송곳처럼 벽을 긁고 가는 것을 보았다
마음이 긁히어 아픈가 보다. 손가락으로 눌러본다
손을 떼면 다시 일어선다. 더 아프다

손가락에 침을 발라 다시 한 번 누른다
이런 때도 침은 응급처치 명약이다
안 되니까 뛴다. 뛰면 안 되는 곳에서도 뛴다
뛰는 머리카락이 춤을 춘다. 모든 머리카락이 함께 일어서서

밤송이처럼 하늘을 향해 바람을 일으킨다
햇빛도 못 따라온다. 나도 모르게 손이 머리로 가서
공연히 모자를 고쳐 쓴다. 모자를 안 쓰면서
스크린도어에 시 한 줄이 해처럼 웃고 있는 것을 보았다

귀밑터리와 귀밑머리

처녀 총각 모두 머리를 땋고 살던 시절
이마의 중심(가리마)에서 양 옆
귀 뒤로 머리카락을 빗어 넘겨도
이마와 귀 사이에는 몇 가닥 짧은
머리카락이 매혹적으로 흘러내린다

이것이 귀밑머리이다

여자는 수염이 안 나기 때문에
귀밑터리는 남자의 것이다
여자에게 귀밑터리라는 것이 있다면
그것은 남녀 모두에 대한 모독이다
윤두수의 수염 난 자화상!

이것이 귀밑터리이다

참꽃을 개꽃이라고 하고
개꽃을 참꽃이라고 하면 안 되듯이
'귀밑터리'를 '귀밑머리'라고 하고
'귀밑머리'를 '귀밑터리'라고 하면, 매우

용감한 사람이 될 것이다

'코이' 라는 물고기

어항의 크기에 맞춰서
몸집을 조절하는 희한한 물고기가 있다

작은 어항에 들어가면
5~8cm 정도만 자라고 더는 자라지 않는다

큰 수족관이나
작은 연못에서는
15~25cm 정도로 자라나지만
호수나 큰 강물에서는
90~120cm까지나 자라나는
신비한 물고기
'코이'

로마네 꽁티 대통령

온 지구상에 450세트 밖에 없는 술!
'로마네 꽁티' 라는 프랑스 보르고뉴 산 와인!
우리나라에는 딱 한 세트만 어느 백화점에
몰래 들어와 몇 해를 숨어 있다가 갑오년(2014)
설을 빌미로 어느 한 개인이 유혹하는 바람에
무려 3,900만 원에 팔려 나갔단다. 제기랄
술 한 병 값이 내 연봉보다 많다니?

만드는 사람들은 예술품이라고 의미를 부여하고
재미로 온갖 잡동사니 넋두리 제스처를 구사하며
깊숙한 동굴 속에 비밀스레 숨겨뒀다가
어느 날 밤 슬그머니 꺼내어 이름 지어 붙이고
선전하며 때를 기다리다가 하늘 높은
희귀성 프레미엄이 불꽃놀이 하듯 터지는
순간에 술값은 뜨거운 불똥으로 튄다

'먹지도 못하는 술, 왜 만들었을까? 왜 샀을까?'
천 원짜리 소주나 매 한가지로 알콜이
주성분인 술일진대 비상천을 하는 불노초도 아니고,
백두산 산삼도 아니고, 한 잔 술은 같은데, 다만

와인이나 소주나 잔모양만 다르다. 기분도 다르다
이 나라에 딱 한 병 밖에 없는 술, 기분으로 샀다
'만주지 상' "나도 술 대통령이다."
'로마네 꽁티' 대통령!

이 세상에서 가장 아름다운 선물
— 새 '시전詩傳'

영공靈空을 마음에 품고 다니다가
심상心像의 그림자로 사로잡혀
문자라는 올가미로 옭아매어서
하이얀 감옥에 켜켜이 옴쭉달싹 못하게
가두어져 미증유의 종신형으로 살아가야 하는
죽어서도 살아있는 시혼詩魂의
영원한 불멸의 선물은 무엇보다 귀중한 시詩다

아름다운 영혼의 아들로 살아남아
저 만유萬有의 누리에
오직 호올로
고고한 '시인'의 이름으로 남아
그대는 빨리 읽으면 '신神'이다
바쁜 세상에 '시 - 인'으로 길게 읽을 시간이 없다
그저 '신'으로 읽어도, 말해도, 불러도
대답없는 '시인'은 '신'이다. 영원토록……

우리가 사는 이 어지러운 시대에는
'신神' 같은 '시인'이 나타나서 불호령으로

더러운 세상을 정화하지 않으면 안되는데,
그 분은 왜 여태 안 오시나?
언제쯤 오실까?
보통 인간이 흉내도 낼 수 없는 영계靈界를
넘나드는 삶이 신의 웃음으로 아름답게
새 '시전詩傳을 들고 활짝 날개 펴고 오시리라

AI의 허구

AI의 인공지능이 사랑의 교감과 통정의
통과의례도 없이 여러 분야에서
준작없이 비윤리적으로 무분별하게 태어나고 있다

그래서 인공 지능을 장착한 싸늘한 기계,
로봇에는 피가 흐르지 않는다. 체온이 없다
따뜻한 인간미가 없다. 신진대사도 없고
대소변도 가리지 않는다. 울고 웃는 감정도 없다
그저 차가운 금속성의 이빨 가는 소리만 들린다

AI는 인간의 지능이나 감정을 능가할 수 없다
그것은 하늘의 뜻이 아니기 때문이다
할 일 없는 사람들이 AI가 인간을
배척하고 지배하고, 담합하여 멸망시킬지도
모른다는 공연한 걱정을 골똘히 하고 있다면
그것은 웃지 못할 넌센스에 불과하다

AI는 친구가 없다. 책선을 할 줄도, 받아들이지도 못한다
오직 주어진 입력대로 임무수행에만
충실한 애완 기계 동물 로봇일 뿐!

남녀노소가 없다. 예의염치가 없다. 장유유서가 없다
철학이 없다. 음악이 없고 노래가 없다. 시가 없다
조국이 없다. 사상도 없고 이념도 없다. 진보도 없고
보수도 없다. 사랑이 없는 냉혹한 승부사일 뿐!

AI는 스토리가 없는 맹목적의 연극 배우일 뿐이다

인지印紙 붙이기

옛날에는 책을 사면 뒷표지에
'판권소유' 라는 도장 찍힌 인지가
교과서에도 꼭 붙어 있었다
세월이 여류하여 언제부터인가
불신의 탁류를 타고 흘러간 지금은
눈을 닦고 찾아 봐도 그 어떤
책에도 돈나비가 앉았던 흔적도 없다

'있고 없음이 뭐 다른다? 번거롭기만 하지'
있으면 저작자의 권익이 보호되고
없으면 출판사의 농간에 저작의 권익이
안개처럼 날아가버리고 흔적도 없어진다

우후죽순처럼 명멸하는 출판사들,
봄눈 녹듯 쓰러져가는 서점가들
책은 인간이 만든 위대한 문화의 꽃이다
영혼을 살찌우는 자양분이다
돈나비와 벌을 불러들이는 책 꽃!
꿀이 넘쳐나는 꽃에는 벌 나비가 오지만
꿀이 없는 꽃에는 파리, 모기도 안 온다

저작자는 출판사와 당당히 맞서서
인지 안 붙이는 꼬임에 넘어가지 말아야
저작권이 살아나고 힘이 솟는다
그래야 진짜 베스트셀러가 날개를 달고
아름다운 영혼의 하늘을 날아 가리라

히틀러의 비밀 병기

화가가 되고 싶었던 청년이
미술대학 입시에 몇 번 낙방하고
홧김에 군인이 되어 큰 사고를 저지른
희대의 역사를 농락한 전사戰士!
그는 영웅인가! 정신 분열자인가?

전쟁은 원래 맨 정신으로 할 수가 없다
전사들도 술이나 마약의 힘을 빌려서
죽을동 살동 모르고 생명과 영혼을
불사르는 여자와 땅뺏기 싸움이다

아돌프 히틀러는 비밀 병기를 남몰래
휘두르며 눈에 불을 켜고 싸웠었다
아우슈비츠는 전쟁터가 아니라 공연장이었다
발작 증세를 그대로 노출시킨 무서운
광란의 연출가, 오케스트라 지휘자였다

그의 비밀 병기는 필로폰이었다
자신은 800병을 마시고는 정신이 몽롱한 상태에서
유대인을 그토록 도륙하고도 모자라서

병사들에게도 똑같이 퍼시핀을 2억병이나
투약하여 잠도 안 자고 싸우는 용감한
장난감 병정으로 만들어서 전쟁 공장의
피비린내를 즐기다가 얄미운 유대인을
따라 잡지 못하고 그냥 그렇게 전쟁 미치광이로 갔다

※ 퍼시핀 : 필로폰과 같은 성분의 마약

성장판

청소년은 나라의 꽃이다. 성장판이다
나라의 성장판인 우리의 자랑스런
청소년이 올바르게 자라나야
국가의 장래가 밝아올 것이다

오늘날의 청소년들은 꿈과 희망을
노래할 놀이 마당을 다 빼앗기고
어른들 흉내만 따라하다가
일찌감치 성정판이 닫혀버렸다

온갖 매체에 노출되어 있다
성조숙으로 심신을 망치고
술, 담배, 마약, 도박, 절강도, 폭력, 공갈, 협박……
연예중독 등으로 뜬 구름만 쫓고 있다

꿈이 자랄 토양이 오염되어
가정에서는 밥상머리가 사라지고
학교는 삭막한 입시학원으로 전락하여
섶이 말라버린 매마른 사막으로 변해가고 있다

좋은 종자와 자질을 갖고 있으면서도
아전인수로만 내모는 사회의 병리적 환경이
체격과 체력이 반비례하는 모순 속에서 아직
미분화된 어린 영혼들의 성장판을
건강하게 활짝 열어줄 사랑의 손길이 아쉽다

외국인 학교를 가는 이유는

외국인은(외국에 있어도 외국인이고)
국내에 와 있어도 외국인이다
외국인 학교에는 외국인만
다니는게 아니고, 외국에 나가 있던
내국인도 국적이 '외국'이면 갈 수 있다는
주장을 누가 꺾을 수 있겠는가?
그래서 요즘 외국에서 그 나라 국적을 갖고 온
한국 사람은 국내에서도 외국인
행세를 하는 놈들이 많다. 그들은 의례히
외국인 학교를 선호한다.(이중국적을 내세워서…)
영어 때문이다. 남이 가니까 거름지고
따라 가기도 한다

자격이 안 되면 거액을 주고라도
'국적 세탁'을 하여 외국인 행세를 하며
어설픈 영어를 씨부리고 다닌다
심지어는 미국인처럼 발음하기 위해서
혀를 잘라 꼬부리는 수술까지 한다는데,
그래가지고 어디 진정한 애국자가 되겠는가?

갈 길이 먼데, 나 혼자 나라 팔고,
혀 잘라 팔아서 '외국인 학교'에 간들
무엇이 얼마나 달라질까? 해서는 안되는 일도
돈 주면 다 되는 나라, '우리나라, 참 좋은 나라!'
우리가 이러고 있는 사이에
북한은 미사일 타고 미국 가는 꿈을 꾸고 있다

만주의 경상도 마을
― 신천지

오랜 세월을 두고 사람들은
언제나 역사의 바람을 타고
낙엽처럼 이리저리 날려다녔다

어쩔 수 없이 왜놈들 농간에
휩쓸리기 싫은 사람들은
만주로 북간도로 연해주로
정든 고향을 등에 지고 먼 길을 떠났다

경상도 행리를 챙겨와서 만주 벌판에
내려놓고 세운 작은 마을
억센 사투리와 우직함으로 지금까지 끈질기게
지켜온 '만주의 경상도 마을!'

영하 30℃의 매서운 추위와
되놈들의 텃세에 굴하지 않고
마적들과 싸우면서 배고픈 허기를
호밀과 귀리, 감자로 터전을 지켜오며
말과 글과 풍습을 보듬어 온 눈물의 역경!
그들은 지금도 한옥을 짓고 온돌을 놓으며
따뜻한 영혼의 땅을 가꾸고 있다

그 깊은 뜻이 헤아려지는 날
백두산·천지는 또 한 번 끓어 넘치고
역사의 더러운 오니를 동해 바다로
마그마와 함께 쓸어버릴 날이 올 것이다
모름지기 미지의 땅 만주벌판에
태산준령이 요동치고 고구려와 고조선의
웅혼이 살아나는 신천지가 열리는 소리가
지축을 울리며 들려오고 있지 않는가?

로봇 인간
— 가두 인민반

평양에 가면 길거리에
돌아다니는 사람이 많다
날마다 시간마다 동원되는
'가두인민반' 이라는
인간 로봇들의 행진!

문림文林의 유혹

'문인은 글을 쓰는 나무'라고?
좋은 열매를 맺는 나무도 있고
시고 떫은 열매를 맺는 나무도 있다
길가에 짓밟히는 뱀딸기 같은 풀나무도 있다

'에덴동산'에는 선악과를
맺는 나무도 있었다. 진짜
맛있는 유혹의 열매를
많이 맺는 그런 나무가 되어
사막으로 가서
오아시스가 되고 싶다

• 평론 •

좋은 시로 영혼을 맑히고 세상을 밝게 비춰 주길
― 신언장 시인의 《길상사로 가는 여인》

정 종 명
(소설가·한국문인협회 제25대 이사장 역임)

신언장 선생은 시인이면서 화가이다.
첫시집 《길상사로 가는 여인》에 실리는 작품 한편 한편에는 그의 체험적 요소가 짙게 스며들어 있다.

그러니까 그 나이였어… / 시詩가 나를 찾아왔어,/ 몰라, 그게 어디서 왔는지, / 모르겠어, 겨울에서인지 강에서인지. // 언제 어떻게 왔는지 모르겠어,
― 파블로 네루다의 〈시詩〉 일부

노벨상을 수상한 파블로 네루다의 〈시〉의 일부이다. 시의

신이 찾아와서 자신도 모르게 시를 쓰게 되었다고 고백하는 시이다. 시는 이렇듯 이 세상의 많은 사람들을 시인으로 만든다. 누구나 한때는 '문청'이었던 때가 있었을 것이다. 문학소녀, 문학소년 시절을 겪었을 테니까. 그러다가 생업에 목매어 꿈은 점점 퇴색되어 간다.

신언장 선생은 엔지니어, 화가, 선생님이 꿈이었다. 세 가지의 꿈 중에 화가와 선생님의 꿈은 이루었다. 초등학교 선생님으로 정년을 했고, 전시회도 몇 차례 가졌으니 화가의 꿈도 이루었다. 이번 시집에도 스케치 몇 점이 들어간다. 정년 후에 시간 여유가 생기면서 시쓰기를 하며 신춘문예에 도전해 보기도 했다. 그에게는 네루다처럼 시의 신이 찾아온 것이 아니고, 선생 스스로 시인의 꿈을 키우며 노력해서 오늘에 이르렀다.

    지름길 두고 먼 길
    돌아 갈 사람 있을까?

    오늘도 사람들은 지름길만 찾아
    거리를 헤매고 있다

    없으면 억지로 만들어서라도
    그 길로만 가려고 한다

돌아올 수 없는 줄 알면서도
바보 같은 그 길을

'질러가면 똥을 싸고,
돌아 가면 밥을 싼다'
시 같은 속담이 길을 안내한다

묻는다
인생에 지름길이
있는가 없는가를
　　　　　　　― 〈저만치 시를 두고〉 전문

　신언장 선생은 시인의 말에서 '시는 철학, 사상, 역사, 서정, 사랑, 해학의 정신을 소담하게 담아내는 그릇으로 생각한다. 새로운 에너지를 충전하는 계기로 삼아 감히 영혼을 불사르는 심정으로 진리와 정의의 발걸음으로 바르게 걸어갈 수 있도록 손을 잡아 주시고 넘어지지 않게 이끌어 주시는 독자 여러분의 사랑을 밑거름으로 더욱 알찬 열매를 맺을 수 있도록 정진하겠습니다.' 라고 피력했다.
　저만치 시를 두고 지름길을 찾아 헤매다가 문학잡지를 통해 정식으로 문단에 나온 지 10년이 다가온다. 엘리베이터도 있고 에스컬레이트도 있지만 한 계단 한 계단 시업을 높이 쌓고 있는 셈이다.

시를 쓴다는 것은

　　마음의 검불을 긁어내고

　　쓸어서 태우는 일이다

　　남은 알갱이들 속에서

　　반짝 빛나는 그 무엇!

　　마음을 여는 구슬이다

　　그 구슬을 금실에 꿰어

　　엮어내는 기술자가 바로

　　시를 짓는 장인바치다

　　　　　　— 〈시 짓는 사람〉 전문

　시인은 대상을 탐구하면서 그 인식의 깊이를 획득하는 것이 아니라, 대상을 바꾸면서 인식의 깊이를 얻는 척하는 사람이라고 한다. 신언장 시인은 '시를 쓴다는 것은/ 마음의 검불을 긁어내고 / 쓸어서 태우는 일'이라고 한다. '시 짓는 사람' 즉 시인은 '구슬을 금실에 꿰어 엮어 내는 장인바치'라고 주장한다.

　'시 같지 않은 시, 시도 아닌 시를 오래 전부터 짝사랑으로 보듬어 오면서 심상의 넋두리로 한 다발씩 묶어 쟁이다 보니 욕심이 도를 지나쳐 치여서 깔리기 전에 한 번쯤 짐을 덜어내어야겠다는 생각이 일기 시작했다.'에서 신언장 선생의 겸손한 자세를 확인할 수 있다. 그는 뒤늦게 발을 들여놓은 시단에, 끊임없는 학구열과 열정으로 금실에 구슬을 꿰기 위해 기술을 연마하고 있다.

'나와 나타샤와 흰 당나귀'를
평생 가슴에 품고 살아온 한 여인

그녀의 마음속에 있는 나타샤가 되기 위해
오래도록 사랑을 쌓으며 살아왔다

철없던 시절 속절없이 흘려보낸 세월
가슴에 묻고 살면서 쌓인 짐을 풀어 놓을
안식처를 찾아 헤매다가 부처님이
보내주신 한 스승을 만났다

"가진 것 다 내려놓고 여생을 산문山門에 기대어
기도하며 살다보면, 마음의 백팔번뇌가 스르르
봄눈 녹듯 다 사라질 것이오."

그 한 마디 말에 모든 것을 정리하고
눈이 풀풀 날리는 날, 평생을 우러르면서

흰 당나귀를 타고 오실
그 시인을 마음의 부처님으로 모셨다
— 〈길상사로 가는 여인〉 전문

  백석은 함흥관 관기로 있던 기생 김진향(김영한)을 보고 첫눈에 반했다. 그의 손을 꼭 잡고는 "당신은 내 마누라야, 죽음이 우리를 갈라 놓기 전에 이별은 없다."고 말하며 흠딱 빠진다. 그 뒤 진향이가 지니고 있던 이백의 시집 〈자야오가〉에서 '자야'를 따서 진향에게 애칭을 지어준다.
  백석의 부모는 그들의 사랑을 갈라놓기 위해 서둘러 백석을 다른 여성과 결혼시킨다. 이를 알고 진향이는 그녀의 고향인 한성으로 오게 된다. 그러자 백석도 한성으로 와서는 진향에게 같이 만주로 떠나자고 종용하면서 지은 시가 바로 불멸의 시 〈나와 나타샤와 흰 당나귀〉이다. 기생 진향이는 만주로 함께 떠나자는 백석의 간곡한 애원을 거절한다. 그로부터 죽는 날(1999년)까지, 백석의 사랑을 가슴에 안고 한많은 인생을 살았다.
  시를 읽다가 감동을 받아 눈물을 흘리거나, 미소를 지은 경험이 있을 터이다. 독자에게 감동을 주는 시는 과연 어떤 시일까? 철학, 사상, 역사, 서정, 사랑, 해학의 정신을 담아내야 감동을 주는 시일까, 아니면 진리와 정의를 담아내야 좋은 시일까.

신언장 선생은 백석을 사랑한 김영한 여사를 주제로 시 〈길상사로 가는 여인〉을 써서 표제작으로 삼았다. 아마도 백석의 시 〈나와 나타샤와 흰 당나귀〉의 영향을 많이 받은 듯하다.

> 큰 수족관이나
> 작은 연못에서는
> 15~25cm 정도로 자라나지만
> 호수나 큰 강물에서는
> 90~120cm까지나
> 자라나는 신비한 물고기
>
> ─ 〈'코이' 라는 물고기〉 일부

코이는 환경 적응이 빠르다. 환경에 맞추어서 몸집을 조정하는 희한한 물고기이다. 시 창작은 나무를 바라보고 나무가 되어 보는 것과 흡사하다. 바라보기만 하는 것이 아니라 아예 상대방이 되어 버리는 동체대비의 정신이 바로 시창작 이론의 기본이 아닐까. 시인을 견자見者라고도 칭한다. 들여다보는 사람, 삶을 세밀하게 들여다보고 다른 사람들이 못 보는 것을 발견하는 사람이 바로 시인이라는 뜻이다.

신언장 선생의 시에서 코이의 편린을 많이 발견한다. 그만큼 가능성이 폭넓다는 뜻이다. 난해한 언어로 포장된 겉치레보다는 진정성이 우러나오는 시, 끝없는 도전 정신으로 더 참

신하고 좋은 시를 창작하여 인간의 영혼을 맑히고, 세상을 밝게 비춰주길 기대한다.

명예해병대 출신다운 뜨거운 애국심과 교직에서 평생을 보낸 열정으로 다져진 시심詩心이 더 넓은 바다로 나가서 코이보다 큰 물고기가 되리라 믿는다.

계간문예시인선 **116**

신언장 시집_ 길상사로 가는 여인

초판 인쇄 | 2017년 4월 10일
초판 발행 | 2017년 4월 13일

지 은 이 | 신언장
회   장 | 서정환
발 행 인 | 정종명
편집주간 | 차윤옥

펴낸곳 | 도서출판 **계간문예**

편집부 | 03132 서울 종로구 삼일대로 30길 21 종로오피스텔 808호

주소 | 03132 서울 종로구 삼일대로 32길 36 운현신화타워 305호

전화 | 02-3675-5633, 070-8806-4052

팩스 | 02-766-4052

이메일 | munin5633@naver.com

등록 | 2005년 3월 9일 제300-2005-34호

ISBN 978-89-6554-154-7 04810

ISBN 978-89-6554-118-9 (세트)

값 10,000원

잘못 만들어진 책은 바꾸어 드립니다.

이 도서의 국립중앙도서관 출판예정도서목록(CIP)은 서지정보유통지원시스템 홈페이지
(http://seoji.nl.go.kr)와 국가자료공동목록시스템(http://www.nl.go.kr/kolisnet)에서
이용하실 수 있습니다. (CIP제어번호: CIP2017008770)